AMOR & LUCRO

GARY CHAPMAN

AMOR & LUCRO

COMO ORGANIZAR AS FINANÇAS NO CASAMENTO

Tradução de OMAR DE SOUZA

mundocristão

Os textos das referências bíblicas foram extraídos da *Nova Versão Internacional* (NVI), da Sociedade Bíblica Internacional, salvo indicação específica.

Dados Internacionais de Catalogação na Publicação (CIP)
(Câmara Brasileira do Livro, SP, Brasil)

Chapman, Gary

Amor & lucro: como organizar as finanças no casamento / Gary Chapman; tradução de Omar de Souza — São Paulo: Mundo Cristão, 2010.

Título original: Profit Sharing
ISBN 978-85-7325-624-6

1. Casamento - Aspectos religiosos - Cristianismo 2. Direito - Aspectos religiosos - Cristianismo 3. Finanças pessoais - Aspectos religiosos - Cristianismo I. Título.

10-01662 CDD-241.68

Índice para catálogo sistemático:
1. Casamento : Prosperidade: Ensino bíblico: Cristianismo 241.68
Categoria: Casamento

Publicado no Brasil com todos os direitos reservados por:
Editora Mundo Cristão
Rua Antônio Carlos Tacconi, 79, São Paulo, SP, Brasil, CEP 04810-020
Telefone: (11) 2127-4147
Home page: www.mundocristao.com.br

1ª edição: julho de 2010

Sumário

Introdução

Será que conseguiríamos sobreviver sem dinheiro? Bem, depende do lugar onde você vive. Meu histórico acadêmico se concentra na Antropologia, o estudo das culturas. Há algumas (poucas) culturas primitivas no mundo nas quais as pessoas podem viver sem dinheiro. Os homens caçam em busca de carne, enquanto as mulheres e as crianças trabalham na lavoura. Na aldeia, todos compartilham o alimento. Quando um casal se une, os homens da aldeia lhe constroem uma casinha de sapê. As roupas, como eles a consideram, são feitas de peles de animais. Assim, as necessidades básicas relacionadas a alimentação, vestuário e abrigo são supridas sem o uso do dinheiro.

No entanto, se você está lendo este livro, significa que não vive dentro de uma dessas sociedades em que o dinheiro não circula. No mundo industrial moderno, a maioria dos casais não constrói a própria casa, não cultiva o próprio alimento nem fabrica as próprias roupas. Somos uma sociedade de especialistas: algumas pessoas constroem casas, outras fabricam roupas e há ainda as que produzem e distribuem alimentos. Cada um de nós recebe dinheiro pelo trabalho que executa. É com esse dinheiro que compramos das outras pessoas as coisas que desejamos. Esse sistema de produção e distribuição é complexo;

no entanto, de maneira geral, funciona muito bem. Nos Estados Unidos, a maioria das pessoas trabalha por sua comida, suas roupas e seu abrigo.

Por que, então, o dinheiro costuma ser a principal fonte de conflitos dentro do casamento? Os casais mais pobres dos Estados Unidos têm acesso a recursos financeiros abundantes quando comparados a massas populacionais de várias outras partes do mundo. Estou convencido de que o problema não reside no montante de dinheiro que o casal possui, mas na atitude que mantém em relação ao dinheiro e na maneira como lida com ele.

O problema, na verdade, não está no dinheiro, e sim no relacionamento com ele. Se as pessoas pudessem assumir uma perspectiva mais ampla no que se refere ao dinheiro — ou seja, se mudassem a maneira de pensar sobre ele — e descobrissem uma forma positiva de lidar com seus recursos financeiros, o dinheiro deixaria de ser uma área de conflito e se tornaria um recurso a mais na promoção da felicidade no casamento.

Este é um livro sobre casamento e dinheiro. Ao longo de mais de trinta anos de trabalho como conselheiro conjugal, vi muitos casais discutirem sobre esse assunto. Aqui estão algumas das reclamações mais frequentes que tive a oportunidade de ouvir:

- Ele conseguiria um emprego melhor, se tentasse encontrar.
- Ela gasta mais dinheiro do que ganhamos juntos, e olha que nós dois temos ótimos empregos.
- Nunca sei de quanto dinheiro dispomos porque ele não me deixa ver o saldo de nossa conta-corrente.
- Ele faz investimentos ridículos. Já perdeu milhares de dólares por causa disso.
- Ela vive ganhando dinheiro dos pais. Não gosto disso.

- Por que não conseguimos economizar nem um tostão? Somos casados há dez anos e nem mesmo temos uma conta poupança.
- Tudo o que peço é que ela anote no canhoto do talão os cheques emitidos. Conferir o saldo de nossa conta-corrente é sempre um pesadelo.
- Ele não entende que, quando você compra as coisas no cartão de crédito, tem de pagar por elas mais cedo ou mais tarde. Temos uma dívida de 10 mil dólares, e a única coisa que conseguimos pagar todos os meses são os juros.
- Ela comprou um vestido que custou 300 dólares. Dá para imaginar quanta comida esse dinheiro poderia comprar?
- Ele prometeu doar 5 mil dólares ao fundo de construção da igreja. Não sei se ele tem alguma ideia de onde vai tirar todo esse dinheiro.
- Ela vive me dizendo que foi criada com um estilo de vida diferente. Bem, sinto muito, mas não sou o pai dela. Não vou trabalhar todo dia de camisa e gravata, como os executivos.
- Ele comprou um carro novo e nem sequer discutiu essa decisão comigo.
- Como podemos fazer algum investimento se nem temos dinheiro suficiente para comprar o leite do bebê?
- Ela não para de comprar bilhetes e apostar na loteria. Sabe quais são as chances de um dia ganharmos? É o mesmo que jogar nosso dinheiro pela janela.

Talvez você possa adicionar outros comentários a essa lista — coisas que você já disse ou ouviu o cônjuge dizer, também relacionadas ao dinheiro. O propósito deste livro é ajudar vocês dois a trabalharem como um time para ganhar e administrar o dinheiro, em vez de viver batalhando um contra o outro. O trabalho em equipe pressupõe a divisão dos lucros. Cada cônjuge é um beneficiário desse processo. O dinheiro deixa de ser um campo de batalha para se tornar um meio de ajudar ambos a obterem coisas que potencializarão o casamento.

Escrevi um livro pequeno porque sei que você é uma pessoa ocupada. Espero que o pouco tempo que sua leitura demandará gere enormes dividendos em seu casamento.

1

Tudo começa com a atitude

ANTES DE OLHARMOS PARA AS VÁRIAS DINÂMICAS relacionadas à administração do dinheiro no casamento, devemos primeiramente analisá-lo a partir da perspectiva mais apropriada. Alguns casais vivem como se a acumulação de riquezas e a aquisição de bens materiais fossem as coisas mais importantes da vida. Esses casais só pensam em ganhar cada vez mais. Uma nova aquisição proporciona um prazer momentâneo. Entre uma compra e outra, eles enfrentam crises emocionais à medida que anseiam pelo próximo momento de prazer. Não preciso dizer a você que uma atitude dessa natureza em nada contribui para promover a satisfação no casamento.

Jesus viveu um estilo de vida bastante simples, mas ele exerceu mais impacto sobre a história humana que qualquer outra pessoa. Nunca me esquecerei do dia em que li esta declaração de Jesus: "A vida de um homem não consiste na quantidade dos seus bens".[1] Isso mudou para sempre minha perspectiva em relação ao dinheiro. Ao mesmo tempo, tal declaração encontrou eco em minha própria experiência. Centenas de casais prósperos me procuraram em meu escritório nas últimas três décadas para falar coisas do tipo: "Vendemos nossa alma para podermos comprar *coisas*, e agora estamos falidos tanto em termos espirituais quanto emocionais. Temos muitas posses... mas nossa vida é vazia".

Relacionamentos, e não coisas

A verdadeira satisfação não pode ser encontrada no dinheiro (seja qual for a quantidade), mas em relacionamentos de amor com Deus, com o cônjuge, com os filhos e com os amigos. Relacionamentos de amor constituem nosso recurso mais valioso. O mais comum é nos darmos conta disso quando estamos vivendo momentos de crise. Por várias vezes fiquei esperando do lado de fora da sala de emergência de hospitais, porque alguma criança que havia sofrido um acidente de carro ou estava enfrentando uma doença muito grave.

Nesse momento, o que mais importa aos pais não é quanto dinheiro eles possuem ou o tamanho da casa em que vivem, mas os amigos que permanecem ao lado deles em meio a um sofrimento tão grande. Diante da experiência de crise física e emocional, todos os seres humanos se equivalem. Alguns têm amigos; outros não. Dinheiro não substitui a amizade.

Se você acredita que mais dinheiro e mais posses podem promover sua felicidade conjugal, está assumindo a atitude errada. Dinheiro pode ser usado para proporcionar mais conforto, mas é incapaz de garantir um casamento bem-sucedido. Vida íntegra, amor, paciência, gentileza e compaixão, isso é que gera relacionamentos significativos. É tratando um ao outro com dignidade, respeito, amor e zelo que construímos um casamento feliz. Essas coisas podem ser alcançadas tanto pelas pessoas que vivem sob as condições mais adversas quanto por aquelas que moram em um lar muito próspero.

Se vocês estiverem dizendo a vocês mesmos: "Seremos mais felizes quando tivermos mais dinheiro", estarão apenas se enganando. Alguns dos casais mais felizes que conheço vivem perto da linha da pobreza. Não estou dizendo com isso que eles não aspirem por mais recursos; eles o fazem. Mas não vivem na ilusão de que mais posses lhes proporcionarão automaticamente maior felicidade.

Na verdade, pode acontecer justamente o contrário. Lembro-me de Paul Brown e sua esposa, Jill (são nomes fictícios, é claro), que vieram ao meu escritório, separados e sofrendo. Ele contou:

> Temos tudo o que sempre quisemos, mas agora todas essas coisas não significam nada. Deixamos Deus fora de nossa vida. Não tínhamos tempo para os amigos. Eu trabalhava em dois empregos. Compramos nossa casa de mais de 400 metros quadrados. Compramos os carros. Tínhamos muito dinheiro no banco. No entanto, no meio disso tudo, perdemos um ao outro. Eu desistiria de tudo hoje mesmo se pudéssemos voltar no tempo e recomeçar no pequeno apartamento onde vivemos quando nos casamos. Naquela época, não tínhamos nada, mas éramos felizes. Hoje temos tudo, e somos terrivelmente pobres.

Com uma boa dose de aconselhamento, Paul e Jill redescobriram um ao outro. Na verdade, eles reduziram seu padrão de vida e elevaram seu nível de felicidade. No entanto, poderiam ter evitado doze anos de uma vida tão próspera quanto miserável se tivessem assumido, mais cedo na vida, uma perspectiva apropriada a respeito do dinheiro.

O desejo de obter mais posses materiais não é necessariamente nocivo. O problema surge quando permitimos que o dinheiro se torne o foco de nossa vida. As Escrituras dizem: "... pois o amor ao dinheiro é a raiz de todos os males. Algumas pessoas, por cobiçarem o dinheiro, desviaram-se da fé e se atormentaram com muitos sofrimentos".[2] Tais sofrimentos não resultam do fato de ter dinheiro ou não, e sim de *amar* o dinheiro. Quando obter dinheiro se transforma na força motivadora da vida, tornamo-nos vulneráveis a "muitos sofrimentos", como a perda de intimidade conjugal. Quando, em contrapartida, mantemos o dinheiro em seu devido lugar, ele se torna benéfico para o casamento.

Propriedade conjunta

O segundo aspecto do dinheiro que deveria levar muitos casais a assumir uma mudança de atitude está relacionado à questão da propriedade. No casamento não existe mais o "meu dinheiro" ou o "seu dinheiro", mas o "nosso dinheiro". Do mesmo modo, deixam de existir as "minhas dívidas" e as "suas dívidas", pois passam a ser as "nossas dívidas". Se, antes do casamento, um dos cônjuges tem 5 mil dólares de dívida por causa de um crédito educativo e o outro deve 50 dólares a uma loja de roupas, depois de se unirem eles passam a ter, em conjunto, uma dívida total de 5.050 dólares. Quando uma pessoa aceita outra como parceira no casamento, assume tanto as dívidas quanto os recursos do cônjuge.

Essa é a razão pela qual é necessário que os cônjuges falem abertamente sobre suas dívidas e seus recursos antes de se unirem. Não é errado entrar no casamento com dívidas, mas é preciso discuti-las de antemão e concordar com um plano de ação e um cronograma de compensação. A maioria dos casais possui algumas dívidas quando se une, e uma conversa franca sobre o assunto ajudará ambas as partes a encarar o casamento de maneira realista.

Conheci casais que não conversaram o suficiente sobre o assunto antes de se unirem e, depois do casamento, perceberam que, juntos, possuíam uma dívida tão grande que já se sentiam com a corda no pescoço. É muito triste começar um casamento em tal desvantagem. Em minha opinião, uma grande dívida sem recursos realistas para saldá-la é motivo suficiente para postergar o casamento.

Do mesmo modo, os recursos que ambos possuem individualmente passam a ser propriedade conjunta. Ela pode ter 6 mil dólares depositados em uma conta poupança e ele pode dispor de apenas 90 dólares, mas, quando se casam, *os dois* têm 6.090 dólares guardados. Se vocês não se sentem à vontade com essa unificação, não estão prontos para o casamento. A própria razão do casamento é promover unidade, unificação, intimidade familiar. Quando se trata de finanças, vocês precisam buscar a unidade.

Há casos em que, devido a heranças ou pensões por filhos de um casamento anterior, os cônjuges precisam agir com sabedoria, preservando a propriedade individual de determinados imóveis ou recursos. No entanto, para a maioria das pessoas, o princípio da unidade implica abrir contas-correntes e conta poupança conjunta, manter propriedades em nome de ambos os cônjuges e assim por diante.

Agora somos uma equipe e desejamos expressar essa unidade tanto nas finanças quanto em outras áreas da vida. Já que se trata do *nosso* dinheiro, significa que nenhum dos dois terá controle exclusivo das finanças. Em vez disso, administraremos, juntos, nossos recursos como uma equipe, usando o melhor de nossa sabedoria e de experiências anteriores.

Com certeza, é possível que um cônjuge assine regularmente os cheques para pagar as contas mensais e controle o canhoto do talão, mas o outro deve ter acesso completo a tudo o que diz respeito às finanças do casal, bem como a liberdade de expressar suas opiniões e de fazer parte das decisões. Quando um cônjuge tenta controlar as finanças excluindo o outro, torna-se uma espécie de pai ou mãe, e o outro, uma espécie de filho.

Certa vez, uma mulher casada me disse: "Eu me sinto envergonhada de dizer isso, mas serve para exemplificar o problema. Toda vez que tenho de comprar um par de meias, preciso procurar meu marido e pedir: 'Você me dá dinheiro para comprar meias?'. Isso é terrível. Sinto-me como se fosse uma criança". Tal situação não aprimora em nada os laços conjugais e inevitavelmente resulta em muitos conflitos.

Se você e seu cônjuge adotarem as duas verdades abordadas neste capítulo do livro: 1) nosso relacionamento é mais importante que o montante de dinheiro que possuímos; 2) tudo quanto possuímos pertence a ambos, de maneira conjunta, terão estabelecido o fundamento de fazer do dinheiro um recurso para o casamento.

■ Colocando os princípios em prática

1. Como você costumava agir em relação ao dinheiro? Que mudanças de atitude precisam ser realizadas?
2. Você está disposto a adotar o conceito segundo o qual seu casamento é mais importante que o acúmulo de dinheiro e bens materiais? Estaria disposto a verbalizar isso diante de seu cônjuge?
3. Você está disposto a adotar a ideia de que todo o seu dinheiro e todas as suas posses agora pertencem a ambos, e de que todas as suas dívidas são agora como "nossas dívidas"? Estaria pronto a verbalizar isso diante de seu cônjuge?
4. Como um ato de reafirmação dessas atitudes, talvez vocês dois queiram assinar e datar a declaração a seguir:

Reconhecemos que o dinheiro nunca nos proporcionará felicidade e que nosso relacionamento é mais importante que tudo quanto possuímos. Também concordamos que todas as nossas posses pertencem a ambos conjuntamente, e que todas as nossas dívidas são compartilhadas. Trabalharemos como equipe para administrar nossas finanças de tal maneira que nosso relacionamento seja potencializado.

....

Marido Data

....

Esposa Data

2

O trabalho é um nobre empreendimento

O TRABALHO APARECE JÁ NO PRIMEIRO CAPÍTULO da Bíblia. Deus disse a Adão e Eva: "Sejam férteis e multipliquem-se! Encham e subjuguem a terra! Dominem sobre os peixes do mar, sobre as aves do céu e sobre todos os animais que se movem pela terra".[1] Eles não apenas teriam filhos — também deveriam trabalhar para garantir o sustento desses filhos. No segundo capítulo do livro de Gênesis, temos um quadro mais claro do que esse trabalho envolvia: "O SENHOR Deus colocou o homem no jardim do Éden para cuidar dele e cultivá-lo".[2]

Por favor, observe que o trabalho precedeu a queda do ser humano. Algumas pessoas chegaram à conclusão de que o trabalho fazia parte da maldição subsequente ao pecado de Adão e Eva. No entanto, não foi isso o que aconteceu: Deus instituiu o trabalho antes que o ser humano pecasse. O trabalho é uma dádiva divina. Quando trabalhamos, estamos cooperando com o plano de Deus.

Deus dotou os seres humanos de uma mente caracterizada pela grande capacidade de aprendizado. Mas as pessoas não começaram já conhecendo todos os segredos do universo. Deus mandou Adão *subjugar*, ou seja, adquirir conhecimento e autoridade sobre o ambiente físico e colocar todos os elementos a serviço da humanidade.

Toda vez que viajo de avião, agradeço a Deus por essa ordem divina. Toda vez que dirijo um carro, fico feliz porque alguém obedeceu a Deus. Toda vez que acendo uma lâmpada, fico satisfeito porque sei que alguém trabalhou para tornar isso possível.

Descobrir nosso trabalho é o mesmo que encontrar nosso lugar no mundo. O trabalho é o esforço disciplinado. É a maneira de despender nossa energia em nome da realização de um feito. O oposto do trabalho não é o lazer ou a diversão, mas o ócio — a falta de investimento pessoal em alguma coisa.

O trabalho é uma coisa normal. Quando Deus estabeleceu os Dez Mandamentos, ele incluiu o conceito do trabalho: "Lembra-te do dia de sábado, para santificá-lo. Trabalharás seis dias e neles farás todos os teus trabalhos, mas o sétimo dia é o sábado dedicado ao SENHOR, o teu Deus".[3] A ênfase do mandamento é sobre o sétimo dia para descanso e adoração, mas não devemos ignorar a relação entre essa ordem e o trabalho.

Parte de nosso trabalho tem como resultado um holerite (ou contracheque), mas há outras recompensas. O trabalho dos pais para manter uma casa é grande, embora não pressuponha nenhum tipo de salário em espécie. A lição de casa que o estudante faz dá trabalho, mas a recompensa não vem em forma de dinheiro.

Em *O livro das virtudes*, William Bennett inclui o trabalho na lista das dez maiores virtudes. Ele afirma: "Aqueles que não encontram mais prazer no emprego, em um trabalho benfeito, perderam algo de grande importância".[4] Há algum tempo conversei com um homem que havia perdido o emprego. Ele disse: "Estou aproveitando minha liberdade, mas sinto falta da satisfação proporcionada pelas realizações pessoais". Aquela declaração ecoava o antigo provérbio hebreu: "O anseio satisfeito agrada a alma...".[5] O teólogo Carl Henry disse certa vez: "Quando o homem deixa de reconhecer o significado sagrado do trabalho, logo se esquece do significado sagrado do tempo e da vida".[6]

UM CHAMADO SAGRADO

Para o cristão, o trabalho é, de fato, visto como um chamado sagrado. A palavra "vocação" significa "chamado". Cada um de nós possui determinados interesses e certas habilidades. Deus espera que os usemos para o bem da humanidade e, em última análise, para sua glória. Toda boa obra é vista como uma forma de servir a Deus e, por essa razão, uma atividade sagrada.

É por meio do trabalho que os pais oferecem o necessário para suprir as necessidades físicas de seus filhos. Tendo feito isso, eles têm a oportunidade de satisfazer também as necessidades emocionais e espirituais da família. O apóstolo Paulo disse: "Se alguém não cuida de seus parentes, e especialmente dos de sua própria família, negou a fé e é pior que um descrente".[7] O conceito aqui é o seguinte: aqueles que andam em comunhão com Deus enxergam seu trabalho como uma responsabilidade sagrada.

Quando nos referimos a alguém que não demonstra muita disposição para o trabalho, em geral dizemos que se trata de uma pessoa preguiçosa. A preguiça na Bíblia é sempre vista como pecaminosa. No livro de Provérbios lemos:[8]

> Observe a formiga, preguiçoso, reflita nos caminhos dela e seja sábio! Ela não tem nem chefe, nem supervisor, nem governante, e ainda assim armazena as suas provisões no verão e na época da colheita ajunta o seu alimento. Até quando você vai ficar deitado, preguiçoso? Quando se levantará de seu sono? Tirando uma soneca, cochilando um pouco, cruzando um

> pouco os braços para descansar, a sua pobreza o surpreenderá como um assaltante, e a sua necessidade lhe sobrevirá como um homem armado.

Outro provérbio afirma o seguinte: "O preguiçoso deseja e nada consegue, mas os desejos do diligente são amplamente satisfeitos".[9] Encontramos outro antídoto contra a preguiça nos escritos do apóstolo Paulo. Ele disse o seguinte aos cristãos que viviam na cidade de Tessalônica:[10]

> Quando ainda estávamos com vocês, nós lhes ordenamos isto: Se alguém não quiser trabalhar, também não coma.
>
> Pois ouvimos que alguns de vocês estão ociosos; não trabalham, mas andam se intrometendo na vida alheia. A tais pessoas ordenamos e exortamos no Senhor Jesus Cristo que trabalhem tranquilamente e comam o seu próprio pão.

UM ASPECTO NATURAL DA VIDA

Se desejamos preparar nossos filhos para a vida adulta, então devemos ensiná-los esta verdade: o trabalho é algo natural, que faz parte da vida. Quem não trabalha não come. À medida que as crianças vão ficando mais velhas, devem assumir responsabilidades de trabalho compatíveis com suas capacidades. Precisamos mostrar a elas que, assim como papai e mamãe, os filhos também trabalham. Temos o que comer porque trabalhamos. Se deixamos de trabalhar, perdemos o privilégio de comer.

Há uma maneira simples, porém dramática de ensinar essa lição: você deve apenas incumbir seus filhos de uma tarefa e mostrar-lhes que, no caso de a completarem, terão o privilégio de jantar à noite.

Se não cumprirem a tarefa, perderão o privilégio da refeição. Você não precisa pressioná-los, brigar com eles ou mesmo intimidá-los a completar o trabalho. Basta apenas dar a incumbência e explicar as consequências.

Ainda não conheci uma criança que deixe de participar de mais de uma refeição antes de aprender essa lição sobre o trabalho. É claro que você precisa, antes de tudo, ensinar seus filhos a realizar aquelas tarefas que espera deles. Hábitos como a higiene pessoal, ajudar a fazer a mesa, lavar a louça, cuidar dos animais de estimação, fazer a cama e outras tarefas domésticas requerem algum aprendizado.

Os pais podem mostrar aos filhos que é possível se divertir fazendo lado a lado as coisas que precisam ser feitas. Também devem incentivá-los, demonstrando apreço pelo esforço dedicado à realização das tarefas e sendo, eles mesmos, exemplos de alegria no trabalho. As tarefas podem ser executadas com alegria e orgulho; ou, então, de má vontade e de maneira rebelde. A maneira como as realizamos só depende de nós. Trata-se de uma questão de escolha. Não existe essa história de trabalho inferior, apenas atitudes inferiores. Se os filhos aprenderem a trabalhar com alegria no lar, os pais lhe terão ensinado uma das mais importantes lições para que se tornem adultos bem-sucedidos.

O impacto financeiro do trabalho sem remuneração

Na condição de adultos, nossa renda geralmente é resultado do trabalho que executamos. Mas não devemos subestimar o impacto financeiro de tarefas não remuneradas. O marido ou a esposa que lava o carro contribui com 30 dólares ou mais (dependendo de quanto custaria para deixar por conta de um lava-rápido) para o orçamento familiar. A pessoa que cozinha as refeições, lava as roupas, passa aspirador no carpete e limpa os móveis também está causando um impacto positivo sobre o bem-estar financeiro da família. Recebendo ou não um salário pelas coisas que fazemos, nosso trabalho exerce uma influência positiva sobre os recursos financeiros dentro do casamento.

O casal cristão que se compromete com a ética do trabalho revelada nas Escrituras compreende que está trabalhando não apenas em benefício do próprio casamento e da família, mas também para Deus. Paulo afirmou: "Tudo o que fizerem, façam de todo o coração, como para o Senhor, e não para os homens, sabendo que receberão do Senhor a recompensa da herança. É a Cristo, o Senhor, que vocês estão servindo".[11]

É por meio do trabalho que obtemos o dinheiro necessário ao sustento de nossas necessidades e enriquecemos a vida das outras pessoas. Não importa se você e seu cônjuge possuem um emprego remunerado ou se apenas um dos dois recebe pelo trabalho — ambos trabalham em benefício da família.

Colocando os princípios em prática

1. Se você possui um emprego remunerado, consegue sentir que a maneira como investe sua energia está contribuindo com o bem-estar dos outros e, consequentemente, promovendo a glória de Deus? Caso isso não aconteça, será que pode considerar a possibilidade de ter invertido sua vocação?
2. Se o seu trabalho não envolve remuneração em dinheiro, você consegue reconhecer o valor intangível do que está fazendo — a contribuição que está oferecendo à sua família e a outras pessoas? Há alguma coisa que você gostaria de mudar no que diz respeito à forma como tem investido sua vida?

3. Você e seu cônjuge concordam que a responsabilidade de prover os recursos necessários à promoção do bem-estar físico, emocional e espiritual de sua família (o que também inclui vocês dois) é sagrada? Se a resposta for positiva, vocês pedem diariamente a Deus que lhes dê sabedoria para cumprir essa missão?
4. Vocês dois sentem que está na hora de pensar na possibilidade de mudanças no trabalho — quem trabalha por remuneração, quantas horas semanais cada um trabalha fora de casa, quem toma conta das diversas tarefas não remuneradas etc? Se isso acontece com vocês, discutam a ideia e descubram uma estratégia para colocar essas mudanças em prática.

3

Confiamos em Deus

Quando escrevi o título deste capítulo, procurei instintivamente minha carteira e tirei o dinheiro que nela havia. Atrás da nota de 1 dólar li a inscrição: *In God We Trust* [Confiamos em Deus]. Dei uma olhada na nota de 5 dólares e voltei a ler aquela frase. A mesma coisa valia para as notas de 10 e de 20 dólares. E, se eu tivesse uma nota de 50 e outra de 100 dólares, leria a mesma declaração: *In God We Trust.*

Não importa quanto dinheiro um norte-americano traga no bolso, a inscrição estará sempre lá: "Confiamos em Deus". Confiar no dinheiro como uma fonte de vida é o mesmo que confiar em um ídolo. As Escrituras declaram: "Toda boa dádiva e todo dom perfeito vêm do alto, descendo do Pai das luzes, que não muda como sombras inconstantes".[1] Tudo quanto temos ou esperamos obter um dia constitui uma dádiva divina. Não existe essa história de pessoas que alcançaram o sucesso "sozinhas".

C. S. Lewis escreveu:[2]

> Um dos perigos que reside no fato de se ter muito dinheiro é que você pode satisfazer-se com aqueles tipos de felicidade que o dinheiro pode proporcionar e, assim, deixar de perceber sua necessidade de Deus. Se tudo parece acontecer simplesmente conforme

> os cheques vão sendo assinados, você pode acabar esquecendo que, a todo momento, depende por completo de Deus.

Há pessoas que se orgulham de ter acumulado grande fortuna. Elas podem olhar para a própria trajetória e achar que alcançaram o sucesso "sozinhas", mas basta contrair um germe ou vírus para que sua perspectiva mude totalmente. Não podemos realizar nada sem a ajuda de Deus. A própria vida é uma dádiva do Criador. É verdade que podemos tomar certos cuidados no sentido de preservar a saúde, e também é possível desenvolver a mente que Deus nos concedeu. E é por meio desses esforços que podemos realizar muitas coisas na vida, como vimos no capítulo 2. Mas tanto nosso corpo quanto nossa mente constituem dádivas divinas.

Faça de Deus seu sócio nos negócios

Por que estou falando sobre Deus em um livro cujo tema é dinheiro e casamento? É porque fomos criados para viver em união com Deus. Atingimos o melhor de nosso potencial quando cooperamos com o Senhor. Muitos casais tomam decisões financeiras tolas por deixarem de incluir Deus nesse processo. Aqueles que buscam a sabedoria divina e tomam decisões financeiras baseadas nos princípios revelados nas Escrituras evitarão muita dor de cabeça.

Aceitamos o desafio do trabalho, mas não dependemos de nós mesmos. Procuramos Deus para que ele nos ensine a usar nossas capacidades da maneira mais produtiva possível. Lembro-me de um jovem que me disse o seguinte:

> Lutei por semanas na tentativa de resolver um problema de engenharia. Não fui capaz de bolar uma solução viável. Por fim, um amigo meu sugeriu que eu orasse e pedisse a Deus que me desse

> uma resposta. Fiz isso e meia hora depois aconteceu: eu tinha a solução. Por isso, cheguei à conclusão de que eu e Deus formamos uma bela dupla.

Aquele jovem estava colhendo os benefícios oferecidos por Deus: "Se algum de vocês tem falta de sabedoria, peça-a a Deus, que a todos dá livremente, de boa vontade; e lhe será concedida".[3]

R. G. LeTourneau, um dos gigantes da indústria da geração anterior, costumava falar sobre o dia em que ele fez de Deus seu sócio nos negócios. Chafurdava em dívidas quando percebeu que estava tentando erguer um negócio baseado na própria ingenuidade. Depois de transformar Deus em seu sócio, ele construiu uma das mais eficientes escavadeiras já idealizadas.

Durante a Segunda Guerra Mundial, seus equipamentos de escavação se tornaram uma espécie de "arma secreta". Depois do conflito, ele recebeu o 10º Prêmio Anual da Associação Nacional de Transporte de Defesa como a personalidade "cujas realizações mais contribuíram para a eficácia da indústria de transportes para apoio da segurança nacional".[4]

Um dos benefícios de se confiar em Deus é que não temos de nos preocupar com dinheiro. Jesus deixou isso bem claro quando afirmou:[5]

> "Portanto eu lhes digo: Não se preocupem com sua própria vida, quanto ao que comer ou beber; nem com seu próprio corpo, quanto ao que vestir. Não é a vida mais importante que a comida, e o corpo mais importante que a roupa? Observem as aves do céu: não semeiam nem colhem nem armazenam em celeiros; contudo, o Pai celestial as alimenta. Não têm vocês

> muito mais valor do que elas? Quem de vocês, por mais que se preocupe, pode acrescentar uma hora que seja à sua vida?
>
> Por que vocês se preocupam com roupas? Vejam como crescem os lírios do campo. Eles não trabalham nem tecem. Contudo, eu lhes digo que nem Salomão, em todo o seu esplendor, vestiu-se como um deles. Se Deus veste assim a erva do campo, que hoje existe e amanhã é lançada ao fogo, não vestirá muito mais a vocês, homens de pequena fé? Portanto, não se preocupem, dizendo: 'Que vamos comer?' ou 'Que vamos beber?' ou 'Que vamos vestir?' Pois os pagãos é que correm atrás dessas coisas; mas o Pai celestial sabe que vocês precisam delas. Busquem, pois, em primeiro lugar o Reino de Deus e a sua justiça, e todas essas coisas lhes serão acrescentadas."

Deus está comprometido com o bem-estar de seus filhos. Isso não quer dizer que devemos sentar-nos e ficar esperando que ele faça tudo. Há um antigo provérbio alemão que diz: "Deus dá o alimento de que as aves necessitam, mas não o atira dentro de seus ninhos". Temos de usar a mente e o corpo que ele nos concedeu, mas devemos fazê-lo em cooperação com Deus, buscando a sabedoria divina para que sejamos capazes de completar as tarefas que ele deseja que realizemos na vida. Confiar em Deus significa deixar de viver sob o fardo de ter de alcançar o sucesso "sozinho".

Em Deus temos um sócio nos negócios totalmente comprometido com o nosso bem-estar. O apóstolo Paulo colocou isso em termos práticos quando escreveu: "Não andem ansiosos por coisa alguma, mas em tudo, pela oração e súplicas, e com ação de graças, apresentem seus pedidos a Deus. E a paz de Deus, que excede todo o entendimento, guardará o coração e a mente de vocês em Cristo

Jesus".[6] É a conversa diária com Deus e a busca de sua sabedoria e sua orientação que nos tornam mais produtivos em termos financeiros, assim como em todas as outras áreas da vida.

Faça do dinheiro o seu servo, e não sua fonte de segurança

Em contraste com uma vida centralizada em Deus, há aqueles que depositam a sua confiança nos recursos financeiros. O dinheiro se torna sua fonte de segurança. Para essas pessoas, o dinheiro é um símbolo de sucesso. Elas tomam todas as suas decisões em função da seguinte questão: "O que me oferece mais vantagem em termos financeiros?". Lembro-me de um homem que disse:

> Mudei-me com minha família para o outro lado do país para ganhar mais 50 mil dólares por ano, apesar dos conselhos contrários de minha esposa e de meus amigos. Quando chegamos ao lugar onde passamos a morar, minha filha adolescente se envolveu com drogas e meu filho em idade universitária se meteu em uma seita. Gastei mais do que ganhava na tentativa de resgatá-los. Eu deveria ter dado ouvidos à minha esposa.

Quando confiamos em Deus, percebemos que algumas coisas são mais importantes que o dinheiro. Para a pessoa que confia em Deus, e pergunta é: "Como essa decisão afetará meu casamento e minha família?". (Caso você ainda não tenha reparado, estamos aplicando o princípio abordado no capítulo 1, segundo o qual os relacionamentos são mais importantes que as coisas que adquirimos.)

O casal sábio fará do dinheiro um servo. Procurará usar o dinheiro para o bem de sua família e para ajudar os outros. Jamais permitirá que o dinheiro o domine, determinando todas as decisões. Jesus abordou esse assunto quando disse: "Ninguém pode servir a dois senhores; pois odiará um e amará o outro, ou se dedicará a um e desprezará o outro. Vocês não podem servir a Deus e ao Dinheiro".[7]

Muitos casais resolveram seguir o deus errado e viveram para se arrepender disso. Lembro-me de uma advogada de meia-idade que me disse entre lágrimas:

> Deixei meu emprego faz pouco tempo. Por dezoito anos, investi minha vida no esforço de subir na hierarquia da empresa. Betty Friedan [uma das fundadoras do movimento feminista moderno] nos disse que éramos capazes de conseguir o que quiséssemos. No entanto, ela não nos falou sobre o preço que teríamos de pagar para isso. No meu caso, custou o primeiro casamento. Agora que encontrei outro homem que me ama, não cometerei o mesmo erro. Percebi que, para mim, casamento e família são muito mais importantes que posição ou dinheiro.

Não estou sugerindo que as esposas que confiam em Deus estão impedidas de trabalhar fora. Muitas delas são capazes de seguir sua vocação profissional, manter um casamento saudável e cumprir o papel de mãe com responsabilidade. Tudo isso depende da natureza do emprego, da personalidade das pessoas envolvidas e da dinâmica dos relacionamentos familiares.

O que estou tentando dizer é que a decisão precisa basear-se em como o emprego influencia o casamento, os filhos, o relacionamento com Deus e a maneira de servi-lo — não apenas no desejo por dinheiro ou prestígio profissional.

Promova o reino de Deus com seu trabalho

Outra maneira pela qual a confiança em Deus pode influenciar nossas decisões financeiras é o tipo de emprego que procuramos.

Para o cristão, tudo na vida está sob a soberania de Cristo. Tudo o que fazemos deve ser benéfico para outras pessoas e promover o reino de Deus. Alguns empregos não estão de acordo com esses critérios.

O comércio de drogas, a prostituição e toda a indústria de filmes pornográficos são exemplos óbvios. Contudo, há outros empregos que podem não valer a pena. Faça a si mesmo as seguintes perguntas:

- O que faço dentro de minha vocação produz impacto positivo sobre a vida das pessoas?
- O que faço em meu trabalho agrada Deus?

Se você confiar em Deus, desejará investir sua energia vocacional em algo mais além de simplesmente "ganhar dinheiro".

Há casais que ouvem o chamado de Deus para investir sua vida no ministério cristão. Tal chamado pode levá-los a trabalhar dentro de uma igreja ou em outras organizações cristãs. Quase todas essas pessoas fazem a escolha consciente de viver com menos dinheiro para, com isso, investir suas energias no serviço cristão. A opção por confiar em Deus em vez do dinheiro como origem do sentido da vida terá fortes implicações em seu casamento.

Outros casais que confiam em Deus receberam o privilégio de acumular grande fortuna. Eles fazem o possível para usar esse dinheiro em benefício de sua família, bem como para favorecer a comunidade em seu sentido mais amplo, sempre sob a direção divina. Há ainda aqueles casais que confiam em Deus e vivem com um orçamento muito reduzido, mas encontram satisfação nisso, pois estão investindo a vida em uma forma consistente de obediência aos princípios divinos. A questão não reside em termos muito ou pouco dinheiro, e sim naquilo que estabelecemos como o alvo de nossa confiança.

Josué, o sucessor de Moisés, recebeu de Deus e repassou ao povo de Israel as seguintes instruções quando se preparava para guiá-lo na jornada rumo à Terra Prometida:[8]

> Não deixe de falar as palavras deste Livro da Lei e de meditar nelas de dia e de noite, para que você cumpra fielmente tudo o que nele está escrito. Só então os seus caminhos prosperarão e você será bem-sucedido. Não fui eu que lhe ordenei? Seja forte e corajoso! Não se apavore, nem desanime, pois o Senhor, o seu Deus, estará com você por onde você andar.

Mais tarde, Josué faria o seguinte desafio aos israelitas:[9]

> Se, porém, não lhes agrada servir ao Senhor, escolham hoje a quem irão servir, se aos deuses que os seus antepassados serviram além do Eufrates, ou aos deuses dos amorreus, em cuja terra vocês estão vivendo. Mas, eu e a minha família serviremos ao Senhor.

Jamais conheci um casal que se tenha arrependido de confiar em Deus, mas já vi centenas que confiaram no dinheiro — alguns dos quais eram muito ricos, outros nem tanto —, porém nenhum deles encontrou a satisfação definitiva nos recursos financeiros. Nosso maior desejo deve ser o de agradar a Deus, administrando com sabedoria os recursos que ele nos oferece.

Colocando os princípios em prática

1. Você pode dizer, com sinceridade: "Minha maior satisfação é buscar Deus, e não o dinheiro"? Caso a resposta seja "não", você estaria disposto a mudar a orien-

tação de seus alvos na vida? Se a resposta for "sim", por que não expressar essa decisão com uma oração a Deus?

2. Você acha que seu cônjuge concordaria sinceramente com a declaração: "Minha maior satisfação é buscar Deus, e não o dinheiro"? Se a resposta for "não", talvez vocês dois devam ler este capítulo juntos e discutir a possibilidade de redirecionar o foco de sua vida.
3. À medida que leu este capítulo, você conseguiu identificar áreas de sua vida nas quais precisa da sabedoria divina? Se isso aconteceu, talvez você devesse fazer das palavras de Tiago 1:5 sua oração: "Se algum de vocês tem falta de sabedoria, peça-a a Deus, que a todos dá livremente, de boa vontade; e lhe será concedida".

4

Doar é uma prova de gratidão

Há apenas três coisas que se podem fazer com o dinheiro: doá-lo, economizá-lo ou gastá-lo. Todas as três são formas válidas de se usar o dinheiro. Neste capítulo, vamos analisar a questão da doação. Obviamente, não podemos nem devemos doar todo o nosso dinheiro. Uma parte deve ser usada para suprir as necessidades físicas de nossa família. No entanto, se não doamos nada, deixamos de demonstrar gratidão por aquilo que Deus nos concede.

É interessante notar que, quando Deus estabeleceu os conceitos segundo os quais o povo de Israel deveria viver, ele incluiu o princípio da doação: [1]

> "Todos os dízimos da terra, seja dos cereais, seja das frutas, pertencem ao Senhor; são consagrados ao Senhor [...] O dízimo dos seus rebanhos, um de cada dez animais que passem debaixo da vara do pastor, será consagrado ao Senhor [...]". São esses os mandamentos que o Senhor ordenou a Moisés, no monte Sinai, para os israelitas.

Deus não se refere a "doar" simplesmente como um conceito vago. Nada disso: ele declara de maneira bem específica que seu povo deve doar um décimo de sua renda. A palavra "consagrado" significa "separado". As pessoas tinham o dever de separar um décimo de suas posses (o dízimo) e entregá-lo especificamente para a realização da obra de Deus. Essa doação deveria ser encaminhada por intermédio dos levitas, os líderes espirituais de Israel, e usada para suprir suas necessidades, assim como as necessidades dos pobres. Além do dízimo, o povo de Israel também era incentivado a entregar ofertas.

Anos depois, descobrimos que Deus não mudou de ideia sobre esse padrão de doação. No último livro do Antigo Testamento, lemos:[2]

> "Pode um homem roubar de Deus? Contudo vocês estão me roubando. E ainda perguntam: 'Como é que te roubamos?' Nos dízimos e nas ofertas. Vocês estão debaixo de grande maldição porque estão me roubando; a nação toda está me roubando. Tragam o dízimo todo ao depósito do templo, para que haja alimento em minha casa. Ponham-me à prova", diz o SENHOR dos Exércitos, "e vejam se não vou abrir as comportas dos céus e derramar sobre vocês tantas bênçãos que nem terão onde guardá-las. Impedirei que pragas devorem suas colheitas, e as videiras nos campos não perderão o seu fruto", diz o SENHOR dos Exércitos. "Então todas as nações os chamarão felizes, porque a terra de vocês será maravilhosa", diz o SENHOR dos Exércitos.

Nesta passagem, a bênção de Deus está vinculada à fidelidade de Israel na retribuição de um décimo de sua renda ao Senhor. E a maldição divina — a retenção da bênção de Deus — tem relação direta com a falta de disposição de doar.

VOCÊ SENTE QUE DEVE DOAR?

No Novo Testamento, Jesus endossa a ideia de entrega da décima parte da renda e, ao mesmo tempo, mostra aos líderes religiosos de sua época que tal iniciativa deve ser acompanhada de uma vida piedosa, que agrade a Deus. Jesus disse:[3]

> "Ai de vocês, mestres da lei e fariseus, hipócritas! Vocês dão o dízimo da hortelã, do endro e do cominho, mas têm negligenciado os preceitos mais importantes da lei: a justiça, a misericórdia e a fidelidade. Vocês devem praticar estas coisas, sem omitir aquelas."

Jesus enfatizava que a entrega de 10% da renda não deve ser uma obrigação religiosa, mas uma prova de gratidão sincera por parte da pessoa; e, além da doação, essa pessoa deve demonstrar preocupação com a justiça, a misericórdia e a fidelidade a Deus.

Ao mesmo tempo que o Novo Testamento não exige que os cristãos entreguem 10% de sua renda, ele insiste no conceito de retribuir a Deus a partir daquilo que ele nos concede. Jesus ensinava claramente que a bênção de Deus sobre nossa vida está vinculada ao nosso espírito de gratidão, expresso por meio da doação. Ele disse: "Deem, e lhes será dado: uma boa medida, calcada, sacudida e transbordante será dada a vocês. Pois a medida que usarem também será usada para medir vocês".[4] Quando manifestamos nossa gratidão a Deus, retribuindo-lhe a partir daquilo que ele nos dá, Jesus promete que o Senhor nos dará ainda mais. Ninguém, porém, é capaz de doar mais que Deus.

O apóstolo Paulo reitera esse conceito quando afirma:[5]

> Lembrem-se: aquele que semeia pouco, também colherá pouco, e aquele que semeia com fartura, também colherá fartamente. Cada um dê conforme determinou em seu coração, não com pesar ou por obrigação, pois Deus ama quem dá com alegria. E Deus é

> poderoso para fazer que lhes seja acrescentada toda a graça, para que em todas as coisas, em todo o tempo, tendo tudo o que é necessário, vocês transbordem em toda boa obra.

Paulo afirma de maneira clara que devemos doar com um coração grato, e não por constrangimento ou compulsão. Ele também diz que, ao doar, não reduzimos nossos recursos, pois Deus suprirá todas as nossas necessidades de modo abundante.

Um antigo provérbio hebreu diz: "Honre o Senhor com todos os seus recursos e com os primeiros frutos de todas as suas plantações; os seus celeiros ficarão plenamente cheios, e os seus barris transbordarão de vinho".[6] O Novo Testamento reafirma esse conceito. Paulo disse o seguinte aos cristãos que viviam em Filipos, e que haviam enviado dinheiro para que ele pudesse prosseguir em seu ministério: "Recebi [...] os donativos que vocês enviaram. São uma oferta de aroma suave, um sacrifício aceitável e agradável a Deus. O meu Deus suprirá todas as necessidades de vocês, de acordo com as suas gloriosas riquezas em Cristo Jesus".[7]

É evidente que nossas ofertas são importantes para Deus. Acho que isso acontece porque se trata de um reflexo genuíno de nossa gratidão a Deus e de nosso amor pelas pessoas. A questão não é a doação em si, mas quanto doaremos e a quem o faremos.

Quanto devemos doar?

Sempre tive a forte impressão de que, se Deus requeria 10% do antigo povo de Israel, então nós, que recebemos seu perdão e o dom da vida eterna por intermédio de Cristo, nosso Senhor, deveríamos entregar até mais que isso. Acredito que 10% da renda de uma pessoa são um bom ponto de partida, e que devem ser calculados em relação ao máximo de nossa renda regular.

E aí, quando nos damos conta de oportunidades e necessidades especiais, podemos fazer doações adicionais. No Antigo Testamento, Deus esperava que Israel entregasse 10% de suas posses, e até indicava que essa parte já pertencia a ele. Por que deveríamos achar que o Senhor espera menos de nós?

Meu desafio aos casais cristãos sempre foi o de entregar 10% de sua renda a Deus e ajustar seu orçamento para poder viver com os 90% restantes. Pode ser que, por conta disso, o casal precise reduzir um pouco seu padrão, mas, no longo prazo, essa atitude elevará a qualidade de vida. Obviamente, isso significa que nem todos os casais entregam a mesma quantia. Entregamos em proporção ao que recebemos. Se um casal recebe 200 dólares por semana, então entrega 20 dólares; se recebe 500 dólares, entrega 50 dólares; se recebe 5 mil dólares, entrega 500 dólares. Seja qual for o seu nível de renda, esse padrão de doação é uma boa maneira de começar.

R. G. LeTourneau, de quem falei no capítulo anterior, foi de tal maneira abençoado por Deus que, nos últimos anos de sua vida, entregava 90% de sua renda a Deus e vivia com os 10% remanescentes. Certa vez, ele comentou: "A questão não é quanto dinheiro entrego a Deus, mas quanto do dinheiro de Deus fica para mim".[8] Ele também conheceu a alegria de doar.

A quem devemos entregar?

Nos tempos do Antigo Testamento, doar era uma iniciativa bem simples. As doações deveriam ser levadas ao tabernáculo (e, mais tarde, ao templo), onde seriam administradas pelos levitas e sacerdotes.

Como cristãos, podemos adotar esse precedente, entregando os dízimos em nossa igreja. Meu padrão pessoal sempre foi o de entregar 10% na igreja que frequento e fazer ofertas adicionais a outras organizações quando posso e sinto a orientação de Deus.

Muitas organizações cristãs foram criadas, algumas pelas igrejas e outras por pessoas e grupos de cristãos, no intuito de suprir uma necessidade particular ou de aproveitar uma possibilidade específica de expansão do reino de Deus. Todos esses tipos de organização merecem apoio. As igrejas com as quais me identifiquei ao longo dos anos também entregam parte dos recursos que recebem a outras organizações cristãs.

Sempre considerei importante lembrar que não entrego nada *à* igreja, e sim a Deus *por intermédio* da igreja. Não faço doações *a* organizações cristãs, mas a Deus *por meio* de organizações cristãs.

Há também oportunidades de fazer doações a pessoas que se encontram em situação de necessidade. O apóstolo João fala disso quando afirma: "Se alguém tiver recursos materiais e, vendo seu irmão em necessidade, não se compadecer dele, como pode permanecer nele o amor de Deus? Filhinhos, não amemos de palavra nem de boca, mas em ação e em verdade".[9]

Obviamente, a pessoa deve ser consciente em relação a necessidades reais para que não seja enganada. É igualmente importante determinar a melhor maneira de ajudar alguém que se encontre em real dificuldade. Em geral, a melhor opção não é entregar dinheiro vivo, e sim doar alimento ou se oferecer para pagar uma conta de serviço essencial, como luz ou gás. Isso é especialmente verdadeiro quando a pessoa que passa por necessidade é viciada em álcool ou drogas. Doações em dinheiro a alguém nessa situação só servem para ajudar a perpetuar o problema.

Os cristãos que reconhecem que tudo quanto temos é dado por Deus expressam essa realidade doando a partir daquilo que recebem. Essa doação é uma prova de gratidão. A quantia que doamos e os canais por intermédio dos quais o fazemos podem variar, mas a atitude é sempre a mesma: "Obrigado, Pai, por sua bondade para comigo".

■ Colocando os princípios em prática

1. Em uma escala de 1 a 10, até que ponto você é grato por aquilo que tem recebido de Deus? Será que o nível de sua doação reflete o nível de sua gratidão?
2. Você está satisfeito com seu atual padrão de doações? Se não está, o que gostaria de mudar?
3. Converse com seu cônjuge sobre as mudanças que os dois gostariam de promover em seu padrão de doações. (Talvez seu cônjuge se mostre disposto a ler este capítulo antes de vocês começarem a falar a respeito do assunto.)

■

5

Economizar é sinal de sabedoria

O CASAL QUE ECONOMIZA UMA PORCENTAGEM de sua renda com regularidade não apenas conta com uma reserva de recursos financeiros da qual pode vir a precisar em casos de emergência como também experimenta a satisfação proporcionada pela certeza de que é bom administrador de seu dinheiro. Depósitos regulares em poupança devem fazer parte dos planos de qualquer casal.

Algumas pessoas acham que os cristãos não devem economizar, e que fazer isso é um sinal de que não estão confiando em Deus para prover o necessário para suprir suas necessidades futuras. No entanto, não é essa a perspectiva encontrada nas Escrituras; elas indicam que devemos ser bons administradores de nosso dinheiro.

O administrador sábio encara o futuro de modo realista. Um provérbio hebreu afirma: "O prudente percebe o perigo e busca refúgio; o inexperiente segue adiante e sofre as consequências".[1] É sinal de sabedoria planejar para o futuro com o intuito de prover o necessário para suprir as necessidades de sua família, seu negócio ou outros empreendimentos.

Há muitas razões para economizar dinheiro. Uma delas é ilustrada nesta história que Jesus contou:[2]

> "Qual de vocês, se quiser construir uma torre, primeiro não se assenta e calcula o preço, para ver se tem dinheiro suficiente para completá-la? Pois, se lançar o alicerce e não for capaz de terminá-la, todos os que a virem rirão dele, dizendo: 'Este homem começou a construir e não foi capaz de terminar".

Muitos casais fazem planos de construir ou comprar uma casa no futuro. Outros planejam dar início a um negócio próprio. Economizar dinheiro com o objetivo de realizar esses planos é, com certeza, uma maneira sábia de usar o dinheiro.

Você e seu cônjuge precisarão concordar a respeito da porcentagem que gostariam de economizar, mas é preciso que se disponham a separar uma quantia regularmente. Muitos consultores financeiros sugerem a alocação de 10% de sua renda líquida para uma conta de poupança. Você pode optar por separar mais ou menos dinheiro; a escolha é sua. No entanto, se você economizar apenas o que sobra ao fim de cada semana ou mês, será difícil juntar dinheiro. Economizar de modo *regular* e *constante* é mais importante que a quantia separada para essa finalidade.

Preparando-se para o futuro

Uma das melhores razões para economizar é a possibilidade real de ter de enfrentar tempos difíceis no futuro. Poupar é uma maneira de se preparar para esses imprevistos. Na história de Israel, essa situação é ilustrada na figura de José, que foi levado da prisão ao palácio do faraó para interpretar os sonhos do rei do Egito. Tais sonhos, que Deus capacitou José a interpretar, significavam que haveria sete anos de fartura seguidos de sete anos de fome. O planejamento financeiro de José, obviamente orientado por Deus, era o seguinte:[3]

> "O faraó também deve estabelecer supervisores para recolher um quinto da colheita do Egito durante os sete anos de fartura. Eles deverão recolher o que puderem nos anos bons que virão e fazer estoques de trigo que, sob o controle do faraó, serão armazenados nas cidades. Esse estoque servirá de reserva para os sete anos de fome que virão sobre o Egito, para que a terra não seja arrasada pela fome."

O faraó gostou do plano e determinou que José fosse o administrador da operação. Por causa disso, José foi usado por Deus tanto para preservar a vida dos cidadãos do Egito quanto para cuidar das necessidades de sua própria família.

A maioria das pessoas não costuma sonhar com as dificuldades que terão de enfrentar, mas já ouvimos histórias suficientes para saber que a vida não é uma jornada totalmente tranquila. As dificuldades fazem parte da vida. Pessoas perdem emprego, ficam doentes ou sofrem acidentes. Separar algum dinheiro como forma de se preparar para essas situações é uma atitude sábia.

Repito: a literatura da sabedoria diz que "na casa do sábio há comida e azeite armazenados, mas o tolo devora tudo o que pode".[4] Em uma sociedade baseada na agricultura, as pessoas armazenam comida e azeite. Em uma economia industrializada, as pessoas poupam dinheiro para que possam comprar comida e azeite.

Os provérbios hebreus oferecem uma ilustração baseada na própria natureza: "Observe a formiga, preguiçoso, reflita nos caminhos dela e seja sábio! Ela não tem nem chefe, nem supervisor, nem governante, e ainda assim armazena as suas provisões no verão e na época da colheita ajunta o seu alimento".[5] Há um antigo adágio que afirma: "O melhor momento para se economizar é quando você tem dinheiro no bolso".

Infelizmente, nossa sociedade se caracteriza pelo consumo. Muitas pessoas não são ensinadas a economizar. Para cada propaganda na televisão nos incentivando a economizar para o futuro há cinquenta outras dizendo que devemos gastar nosso dinheiro. Certo professor de Matemática perguntou ao seu jovem aluno:

— Se o seu pai tivesse economizado 10 dólares por semana durante um ano inteiro, o que ele teria agora?

O estudante respondeu:

— Um iPod, um terno da moda e um monte de mobília nova.

Não era essa a resposta que o professor esperava, mas era, com certeza, a mentalidade do estudante e de seu pai.

Economizar e investir

Há uma diferença entre poupar e investir. Essa diferença reside não apenas no nível de risco e de retorno do dinheiro de uma pessoa, mas também no propósito. Em geral, *economizamos* por causa de um propósito previamente definido. Podemos poupar para a faculdade de nossos filhos, para a compra de um carro ou uma casa nova, para as compras do Natal ou para muitas outras despesas com as quais contamos de antemão. Podemos até economizar com o intuito de ter dinheiro disponível para investir.

Em contrapartida, *investir* geralmente envolve recursos financeiros que não precisam ser usados imediatamente ou que não foram reservados para uma aquisição futura especial. Trata-se de um dinheiro separado, talvez para a aposentadoria ou com o propósito de receber dividendos e aumentar seu valor.

Os canais tipicamente utilizados para guardar economias são as cadernetas de poupança, que oferecem uma taxa relativamente baixa de juros, além da correção monetária, e os planos de previdência, que apresentam uma taxa mais alta de remuneração.

Os investimentos costumam envolver a aquisição de ações e outros títulos, geralmente na forma de fundos que têm o potencial de oferecer uma taxa de retorno bem mais elevada, porém pressupõem o risco de se perder dinheiro.

A maioria dos casais deve manter uma quantia considerável na poupança antes de começar a investir. No mundo de hoje, que estimula não apenas os investimentos tradicionais, mas também pela internet, muitos jovens casais entram nesse universo com pouco conhecimento dos riscos e acabam perdendo muito mais dinheiro do que conseguem ganhar. Em geral, essas pessoas perdem os recursos financeiros que, em sua mente, estavam separados para a poupança. Com isso, elas comprometem seu propósito original por causa da sedução de altos retornos que esses investimentos anunciam.

Estabelecer um padrão regular de poupança é o primeiro passo antes de começar a investir. Enquanto você economiza, pode informar-se sobre o potencial e os riscos envolvidos em cada modalidade de investimento.

Se você entrega 10% a Deus e economiza o mesmo porcentual, isso libera 80% de sua renda para ser dividido entre a prestação ou o aluguel da casa, contas de energia, telefone, gás e água, seguro, compra de móveis, alimentos, remédios e roupas, transporte, educação, lazer e assim por diante. No capítulo seguinte, abordaremos algumas maneiras criativas de usar o dinheiro. Elas têm o potencial de nos liberar algum dinheiro extra para ser economizado ou doado.

Colocando os princípios em prática

1. Que porcentagem de sua renda atual está sendo destinada à poupança ou a investimentos? Essa quantia agrada você? Que mudanças gostaria de realizar?

2. Será que seu cônjuge estaria disposto a conversar sobre os recursos que vocês têm à disposição na poupança e em planos de investimento? Será que os dois poderiam tirar proveito da leitura de um livro com orientações básicas sobre os fundamentos da poupança e do investimento? Se a resposta for positiva, procure nas livrarias outros títulos que possam ajudar nesse objetivo.
3. Começando do ponto em que vocês estão, será que os dois podem concordar a respeito do passo seguinte que desejam dar no sentido de fortalecer seu planejamento de poupança e/ou investimento?

6

Usar o dinheiro com criatividade potencializa a divisão dos lucros

Há muitos anos, levei um grupo de estudantes universitários a Chiapas, estado localizado no extremo sul do México, para visitar o "acampamento na selva" da organização Wycliffe Bible Translators. Ali observamos os missionários que estavam sendo treinados em técnicas de sobrevivência sob condições escassas. Eles aprendiam a construir casas, fornos, cadeiras, camas — tudo a partir de materiais disponíveis na selva. Parei para refletir a respeito daquela experiência por várias vezes. Se a mesma criatividade fosse usada pela maioria dos casais, eles seriam capazes de realizar muitas coisas.

As pessoas são instintivamente criativas. Os museus de arte e história do mundo inteiro ostentam testemunhos visuais da criatividade humana. Fomos feitos à imagem de um Deus criador e criativo; nós, que carregamos sua imagem, possuímos um potencial criativo muito grande.

O casal que põe sua criatividade em prática no que diz respeito às questões financeiras disporá de recursos consideráveis. Costurar as próprias roupas, reformar a mobília usada, reciclar o que outras pessoas jogariam fora e pintar você mesmo sua casa são iniciativas que podem fazer maravilhas por seu orçamento.

Neste capítulo quero desafiar você a pôr em prática sua criatividade quanto à maneira de usar seu dinheiro. Quando eu ainda era jovem, meu pai costumava dizer: "Cada dólar economizado é um dólar ganho". Ele não usava aquele adágio para me incentivar a guardar dinheiro no cofrinho; na verdade, estava orientando-me a comparar os preços antes de comprar alguma coisa. Se eu pudesse comprar a mesma coisa por um dólar a menos na loja ao lado, teria economizado um dólar, o que era tão importante quanto trabalhar para ganhar um dólar. Meu pai estava ensinando-me a *fazer bons negócios*, e não simplesmente a *comprar*.

Dedicar um tempo à comparação de preços vai contra a inclinação de muitos homens. "Eu não quero passar metade de meu dia fazendo compras. Quero ir a uma loja, comprar o que preciso e sair" — esse é o resumo da filosofia dessas pessoas. Se um homem dispõe de recursos ilimitados, então essa filosofia pode até fazer sentido. Contudo, quando a vida financeira dessa pessoa não é tão confortável, esse raciocínio se torna uma irresponsabilidade, um desserviço à esposa, uma mentalidade que provavelmente levará a conflitos no casamento.

Acredito que o uso criativo do dinheiro muda de forma radical o ambiente em seu casamento. Apresento algumas ideias a seguir como um esforço para estimular a sua criatividade na hora de procurar fazer mais com seu dinheiro.

Este capítulo não foi escrito para pessoas ricas. Na verdade, aquele que dispõe de recursos financeiros ilimitados provavelmente não está lendo esta obra. Este capítulo é para os casais que dispõem de uma renda limitada ou modesta e luta o tempo todo para ter dinheiro suficiente para suprir as necessidades da família.

Aproveitar ofertas

Na maioria das cidades existe alguma boa loja que vende as coisas mais barato que as demais. Por que não comprar o que você precisa lá? Em geral, essas lojas que oferecem descontos, mesmo que não se apresentem assim, ajudam você a economizar. Se você compra regularmente nessas lojas, poupará muito por ano na aquisição de coisas para o lar. Isso vale especialmente para alimentação e itens domésticos. E se você deseja economizar ainda mais, procure pelas ofertas semanais que essas lojas oferecem. Faça um estoque das coisas vendidas por preços muito mais baixos que o normal.

Um segundo tipo de compra baseada em ofertas é o uso de cupons. É muito comum nos Estados Unidos receber vários deles pelo correio, encontrá-los em encartes de jornais e revistas e, às vezes, disponíveis no balcão da própria loja. Esses cupons podem reduzir bastante os seus gastos. Certa vez, uma senhora me disse: "Comprei o equivalente a 60 dólares em mercadorias por 35 dólares graças ao uso dos cupons que recebi". Posso dizer que ela ficou entusiasmada em como o uso de sua criatividade na hora de comprar estava influenciando positivamente o orçamento familiar.

Comprar na loja que vende mais barato, usar cupons e formar um estoque de artigos em oferta pode ajudar a economizar muito em seu orçamento para os gastos domésticos e alimentação.

Comprar artigos reciclados

A maioria das cidades dispõe de lojas de artigos reciclados ou de segunda mão — brechós e lojas de equipamentos e móveis usados, por exemplo. Essas lojas cumprem um papel muito importante na comunidade. Elas pegam artigos que outras pessoas jogaram fora, fazem uma seleção e preservam apenas aquelas coisas que ainda podem ser reutilizadas de fato. Esses artigos são oferecidos e vendidos por preços muito reduzidos. Em vários casos, essas vendas são promovidas por organizações que usam a receita para ajudar pessoas que passam necessidade.

Certa vez, uma consumidora disse: "Comecei a comprar roupas para meus filhos em um brechó, mas logo percebi que a loja oferecia roupas muito bonitas para senhoras. Mal posso acreditar em quanto economizei comprando minhas roupas ali". O valor agregado de comprar em lojas de artigos de segunda mão administrada por instituições de caridade é que você também está ajudando essas organizações a cumprir sua missão. Se você acha que comprar em lojas desse tipo é uma ofensa à sua dignidade, é bem provável que não tenha visitado nenhuma nos últimos tempos. A maioria delas é bem administrada; as roupas e os produtos estão sempre limpos e em excelente estado.

Em um de meus seminários sobre o casamento, um casal me contou que havia economizado milhares de dólares comprando produtos de segunda mão. Tudo começou com uma experiência. Eles concordaram que, por seis meses, procurariam comprar todos os artigos domésticos, todas as suas roupas e todos os brinquedos das crianças e material escolar em lojas de revenda de produtos usados ou vendidos em consignação. Depois de uma experiência de seis meses, eles foram conquistados por essa modalidade de comércio.

Aquisição sem custo

Um casal que vive na Flórida me revelou ter encontrado algo ainda melhor do que comprar em lojas de artigos usados ou em brechós.

— Nós chamamos essa modalidade de "aquisição sem custo" — disse-me o marido.

— Como é que funciona? — perguntei.

— De três maneiras — ele respondeu. — Primeiro, pegamos nosso carro e damos um passeio por bairros abastados na noite anterior à coleta de lixo. É impressionante ver as coisas que as pessoas deixam na rua para serem jogadas fora. Certa vez encontramos uma cesta com tabela de basquete em condições perfeitas. Levamos para casa e nossos filhos adoraram. A princípio, nós nos sentíamos mal, achando que poderíamos estar roubando. Por isso, passamos a tocar a campainha das casas e perguntar às pessoas se elas se importariam se levássemos as coisas que estavam largadas ao lado da lata de lixo. Até hoje, ninguém recusou nada.

Ele prosseguiu:

— A segunda maneira é avisar todos os nossos amigos que aceitamos algumas coisas que eles não queiram mais, especialmente roupas de criança e brinquedos. Como recebemos mais coisas do que precisamos, repassamos várias delas a outras pessoas. A terceira maneira é informando nossos pais os brinquedos que nossos filhos desejam. Sabemos que eles darão brinquedos às crianças na época do aniversário, no Natal e em outras ocasiões. Sendo assim, por que não pedir a eles que comprem aquilo que nossos filhos mais querem? Com essas três maneiras de colocar em prática a "aquisição sem custo", praticamente a única coisa que temos de comprar para as crianças é comida. E agora que nossos filhos estão crescendo, vamos dar início a um jardim no próximo verão.

Ofertas sazonais

Outra forma de economizar dinheiro é aproveitando as ofertas sazonais. Minha esposa é uma especialista nessa modalidade, que é particularmente útil quando se trata de comprar roupas. Karolyn gosta de vestir roupas bonitas, e eu também gosto de vê-la usando roupas bonitas. Mas ela nunca paga o preço total de nenhum artigo. Está sempre em busca de ofertas sazonais. Não me refiro ao primeiro dia dessas ofertas, e sim à segunda, terceira ou quarta redução dos preços.

Um dia desses, ela chegou em casa com uma roupa que valia quase 400 dólares, mas pela qual pagou menos de 60 dólares. Eu amo essa mulher, assim como amo essa habilidade que ela possui. Certa vez, disse a ela: "Se você trabalhasse fora, sairia mais caro do que se continuasse em casa, economizando todo esse dinheiro". Eu estava brincando, mas, na verdade, o dinheiro que ela economiza com compras sazonais garante uma boa renda.

Mesmo alguns casais que não passam por dificuldades financeiras descobriram que as ofertas sazonais constituem uma maneira sábia de administrar seu dinheiro. Todas as lojas oferecem promoções em que os produtos têm seu preço bastante reduzido. Elas querem livrar-se de seus estoques para poder vender as roupas da temporada seguinte. Para fazer isso, vendem a coleção anterior por preços bem menores. Isso acontece tanto com produtos maiores (carros, por exemplo) quanto com itens menores (como é o caso das roupas). Ofertas sazonais constituem uma maneira criativa de usar seu dinheiro, e a divisão dos lucros é muito boa.

Usar o dinheiro com criatividade pode tornar-se uma parte empolgante da vida para o casal que tenta administrar suas finanças, utilizar seus recursos da melhor forma possível e juntar uma quantia que pode ser usada de outras maneiras para enriquecer o casamento. Outro modo de usar a criatividade para ajudar no orçamento doméstico é o desenvolvimento de suas habilidades e seus talentos em tarefas como costurar as próprias roupas, reformar a mobília e consertar bonecas ou bichos de pano.

Qualquer coisa que você seja capaz de fazer ou recondicionar por conta própria quase sempre custa muito menos que adquirir um produto fabricado ou consertado por terceiros. Quando você permite que seus filhos o acompanhem nessas atividades, ainda pode contar com a vantagem adicional de ensinar a eles a alegria de colocar em prática a criatividade.

Lembro-me de um casal que disse o seguinte:

> Quando começamos a levar a nossa vida financeira a sério, passamos a separar uma quantia semanal para ser usada na compra de nossa comida. Tudo o que não gastássemos em determinada semana era colocado em um fundo de reserva para utilizarmos em nossas férias. Usando a nossa criatividade, conseguimos descobrir como fazer render nosso dinheiro na hora de comprar comida. Jamais me esquecerei de como foi empolgante quando chegamos ao fim daquela campanha com 2 mil dólares de reserva para ser usado em diversão quando saímos de férias.

Entre os propósitos do dinheiro estão o aprofundamento da relação conjugal e o enriquecimento da vida de nossos filhos. Aquele casal descobriu que usar o dinheiro de maneira criativa os ajudava a alcançar esses objetivos.

Colocando os princípios em prática

1. Você estaria disposto a sentar ao lado de seu cônjuge, analisar todas as ideias sugeridas neste capítulo e fazer a pergunta: "Isso serve para nós?" Aqui estão as ideias criativas para o uso do dinheiro propostas neste capítulo:
   Aproveitar ofertas
   Comprar artigos reciclados
   Aquisição sem custo
   Ofertas sazonais

2. Qual de vocês possui alguma habilidade, como costurar as próprias roupas ou recondicionar a mobília, que poderia ser usada para melhorar a situação financeira da família?
3. Que outras ideias criativas vocês poderiam sugerir em termos do uso do dinheiro ou da fabricação de coisas por conta própria com o objetivo de melhorar a situação financeira da família?

7

Viva de acordo com seus recursos

Um antigo adágio afirma o seguinte: "Viva de acordo com seus recursos". Usando palavras mais diretas: "Não gaste um dinheiro que você não tem". Trata-se de uma lição que poucos casais em nossa sociedade aprenderam. Por essa razão, muitas pessoas descobrem da maneira mais dramática como o dinheiro é capaz de arruinar um casamento.

As necessidades são relativamente poucas. Tenho certeza de que elas podem ser supridas com sua renda atual. (Se você estiver desempregado, o governo oferece o auxílio-desemprego. Mesmo as pessoas mais pobres do país podem receber algum tipo de auxílio, cesta ou bolsa.) Não sou contra as pessoas que aspiram por mais que suas necessidades básicas, mas estou sugerindo que você viva com os pés mais no presente que no futuro. Deixe as alegrias futuras por conta das realizações futuras. Aproveite hoje as coisas das quais dispõe hoje.

Em um capítulo anterior deste livro, sugeri a você o estabelecimento da meta de abrir mão de 10% de sua renda, economizar outros 10% e viver com os 80% remanescentes. Sugeri essa meta porque acredito ser um padrão sábio de administração financeira. Também fiz essa sugestão porque sei como isso funciona. Quando eu e minha esposa nos casamos, eu estava na faculdade.

Ela trabalhava em um emprego de meio expediente, assim como eu. Nossa renda era escassa, porém nosso planejamento funcionou.

Durante aquela época, demos início a um joguinho do qual passamos a gostar muito. Chamava-se "vamos ver quantas coisas podemos fazer sem as coisas que as outras pessoas precisam ter". Não me lembro de onde surgiu aquela ideia, mas logo ficamos fãs do jogo, que continuamos a jogar por muito tempo, mesmo quando não era mais necessário.

O jogo funciona mais ou menos assim: na noite de sexta-feira ou sábado, vocês vão juntos a uma loja de departamentos ou grande magazine e caminham pelos corredores, de olho em todas as coisas que chamarem sua atenção. Leiam os rótulos, falem sobre como cada artigo é fascinante; em seguida, virem-se um para o outro e digam: "Não é formidável o fato de não precisarmos ter essas coisas?".

Depois, enquanto as outras pessoas deixam a loja cheias de sacolas nas mãos e com seus nomes assinados em vários comprovantes de compras no cartão de crédito, vocês saem de mãos dadas, sem carregar um embrulho sequer, empolgados com a ideia de não precisarem de "coisas" para serem felizes. Recomendo enfaticamente esse jogo a todos os recém-casados.

O uso do cartão de crédito

Devo admitir que era muito mais simples fazer esse jogo naquele tempo, quando os cartões de crédito não eram oferecidos com tanta facilidade quanto hoje em dia. Lembro-me de quando nos preparávamos para o nascimento de nosso bebê. Ambos concordamos sobre a necessidade que tínhamos de um berço, por isso fomos à loja de departamentos mais próxima de onde morávamos e preenchemos a proposta para a obtenção do cartão de crédito necessário para a aquisição. No entanto, nossa proposta foi recusada por causa de nossa renda, considerada insuficiente.

Se tivéssemos conseguido o cartão de crédito, é bem provável que começássemos a gastar mais dinheiro do que tínhamos para pagar. Em vez disso, como tivemos a proposta recusada, saímos perguntando às pessoas e encontramos um casal que nos emprestou, com satisfação, um berço do qual não precisava mais. Quando olho para trás, eu me sinto grato pelo fato de aquela loja de departamentos nos ter ajudado a viver de acordo com os recursos de que dispúnhamos.

Infelizmente, as lojas de departamentos, os grandes magazines e as empresas operadoras de cartões de crédito hoje não seguem mais aqueles mesmos padrões; qualquer pessoa pode ter um cartão de crédito. Na verdade, a mídia vive fazendo o mesmo apelo em cada esquina: "Compre agora, pague depois!". O que nenhuma dessas propagandas diz é que, se você comprar agora sem dinheiro no bolso, pagará *muito mais* depois. As taxas de juros sobre os saldos das faturas são, via de regra, muito altas. Os casais precisam ler as letras miúdas dos contratos... e, depois, ler de novo.

Não me oponho a que as pessoas possuam cartões de crédito. Na verdade, no mundo de hoje, é difícil viajar sem um deles. Não dá para alugar um carro de outra maneira, e poucas pessoas usam dinheiro em espécie para comprar passagens de avião. O problema não é possuir um cartão de crédito, mas usá-lo para adquirir coisas pelas quais você não pode pagar. Para muitos casais, o cartão de crédito equivale a um título de membro da "sociedade das pessoas financeiramente frustradas". Ele incentiva as compras por impulso, sendo que a maioria das pessoas tem mais impulsos do que é capaz de pagar.

Sei que os cartões de crédito podem ajudar no controle dos gastos e que, quando as pessoas pagam o valor integral da fatura todo mês, os gastos extras são mínimos. A maioria dos casais, porém, tende a gastar mais e esticar muito o prazo de pagamento. A ansiedade da comunidade dos negócios em oferecer cartões de crédito é uma evidência desse fato.

Por que compramos a crédito? Porque queremos agora as coisas pelas quais não podemos pagar. O uso do crediário pode ser uma estratégia financeira inteligente na aquisição de uma casa própria. Se não o utilizássemos, teríamos de pagar aluguel de qualquer maneira. Quando a pessoa escolhe bem uma casa, o imóvel valoriza. Se temos dinheiro para a entrada e podemos arcar com o valor das prestações mensais, então estamos diante de uma aquisição inteligente.

A má notícia, porém, é que a maioria de nossas aquisições não valoriza. Pelo contrário: o valor das coisas que compramos começa a diminuir a partir do dia em que as adquirimos. Nós as compramos antes de podermos pagar por elas. Aí, depois de certo tempo, pagamos o preço dessas coisas acrescido do valor dos juros, ao passo que os bens adquiridos vão-se depreciando. Por que fazemos isso? Pelo prazer momentâneo que tais bens nos podem proporcionar. Então eu pergunto: seria esse um sinal de administração responsável do dinheiro?

Esperar até que o dinheiro esteja disponível

Viver de acordo com seus recursos exigirá paciência para esperar. Em vez de comprar agora e pagar depois, podemos adotar a opção de esperar até que tenhamos o dinheiro necessário para fazer aquela aquisição. Por várias vezes, quando seguimos essa orientação, percebemos que não desejamos mais aquele bem quando passamos a dispor do dinheiro para comprá-lo. Assim, podemos usar o dinheiro que economizamos para adquirir outra coisa que beneficiará o relacionamento com o cônjuge.

Para a maioria dos recém-casados, é grande a probabilidade de encontrar várias coisas sem uso na garagem dos pais ou no sótão da casa dos avós. É possível que haja tanta coisa que o casal nem precise comprar nada nos primeiros dois anos de vida conjugal. E não é difícil imaginar que os pais e avós ficarão satisfeitos ao verem todas aquelas coisas sendo usadas — na verdade, é provável que as ofereçam como presentes.

A espera molda o caráter das pessoas. A paciência é uma virtude que se desenvolve à medida que esperamos pelas coisas. No processo de espera temos a oportunidade de avaliar a importância de determinada aquisição. Assim, aumentam as chances de comprarmos de maneira mais inteligente.

As crianças também precisam aprender a virtude de esperar. Quando realizamos todos os desejos das crianças instantaneamente, decretamos o fracasso delas na vida adulta. A vida é um processo. Aspiramos à realização de certos objetivos na vida, e damos os passos necessários para chegar lá. Esperar pelo momento adequado de fazer determinadas aquisições é uma prática que nos ensina a arte de viver com responsabilidade.

A espera estimula nossa criatividade. Se desejamos muito alguma coisa, temos a tendência de ser criativos na hora de elaborar maneiras de conseguir o dinheiro necessário para adquirir esse bem. Conheci um casal que concordava com a ideia de passar um fim de semana fora, mas sabia que não tinha dinheiro para isso. Assim, os dois se sentaram para pensar no que precisariam fazer para ganhar algum dinheiro extra. A esposa era uma excelente cozinheira e assou alguns bolos deliciosos.

Eles escolheram um restaurante que conheciam. Sabiam que aquele lugar não se caracterizava por oferecer boas sobremesas. A esposa ofereceu um de seus bolos como "degustação". O restaurante recebeu tantos elogios que os proprietários concordaram em começar a comprar os bolos que ela fazia. Não demorou muito para que eles passassem a pedir tortas também.

Dentro de um período de seis meses, aquela esposa teve de chamar uma de suas amigas para ajudá-la a produzir os bolos e as tortas. Fazer as sobremesas caseiras acabou tornando-se um emprego de meio expediente bastante lucrativo para ambas. O raciocínio criativo daquele casal não apenas permitiu que eles conseguissem juntar o dinheiro necessário para viajar em um fim de semana, como também lhes proporcionou uma fonte constante de renda com a qual não contavam antes.

Esperar permite que você tenha tempo para analisar quanto está gastando atualmente em atividades e produtos que não beneficiam em nada seu casamento ou sua saúde. Ao refletir sobre essas coisas, certo casal tomou a decisão de não consumir refrigerantes por três meses. Há o caso de um homem que resolveu parar de fumar. Lembro-me ainda de outro casal que decidiu parar de comer sobremesas por seis meses. Quando uma pessoa opta por eliminar algum item de sua lista regular de consumo, passa a contar com uma reserva de recursos que pode ser aplicada em coisas que julga valiosas.

Para muita gente, viver de acordo com os recursos de que se dispõe exigirá uma redução no padrão de vida. Isso pode significar o retorno a uma casa menor e a compra de um carro usado. Pode ser que o casal precise adquirir mobília usada em vez de móveis novos; ou usar um berço emprestado em vez de comprar um na loja.

Nossa sociedade não nos treinou na arte de reduzir os nossos padrões. Todo mundo nos incentiva a querer cada vez mais, porém são muitas as evidências de que possuir mais coisas nem sempre determina o sucesso de um relacionamento. Muitos casais deste país poderiam viver com bem menos do que possuem, e seriam muito mais felizes se agissem dessa maneira. Muita gente tenta competir com os outros em vez de mostrar a eles que uma vida mais simples pode ser bem mais feliz.

São muitos os recém-casados que tentam adquirir, ainda no primeiro ano de vida conjugal, o que seus pais levaram 30 anos para conquistar. Por que você precisa ter as melhores e maiores coisas desde já? Vivendo de acordo com esse tipo de filosofia, a pessoa pode destruir a alegria de aspirar e conquistar as coisas. Quando você consegue tudo imediatamente, tal alegria dura pouco; além disso, terá de passar vários meses tentando pagar as coisas que comprou. Por que se sobrecarregar com esse sofrimento desnecessário?

Os casais que vivem de acordo com seus recursos criam para si um mundo relativamente livre de estresse financeiro, ao mesmo tempo que ensinam aos filhos muitas lições valiosas. Eles não temem os credores porque não devem nada a ninguém. Aproveitam os benefícios de um plano que consiste em nunca gastar um dinheiro que não possuem.

■ Colocando os princípios em prática

1. Vocês já pensaram seriamente em doar 10%, economizar outros 10% e viver com os 80% restantes de sua renda? Seria hoje um bom momento de vocês dois conversarem a respeito dessa possibilidade?
2. Você se sente em situação financeira desfavorável? O total de contas a pagar todo mês é superior ao que você ganha? Caso a resposta seja positiva, você estaria disposto a

pensar em alguma das opções abordadas neste capítulo, como a redução de seu padrão de vida? Que passos práticos você poderia dar para tornar isso uma realidade?

3. Tente fazer o jogo do "vamos ver quantas coisas podemos fazer sem as coisas que as outras pessoas precisam ter". A próxima sexta-feira ou o sábado será um bom dia para começar.
4. Converse com seu cônjuge sobre a adoção do conceito de esperar para realizar futuras aquisições quando vocês dispuserem do dinheiro para comprar à vista.
5. Será que há alguma coisa criativa que vocês dois podem fazer para aumentar a renda e, consequentemente, o orçamento familiar?

■

8

Quem cuida das contas?

JUNTOS, MARIDO E MULHER DEVEM DESENVOLVER um planejamento para lidar apropriadamente com suas finanças. O fato é que todo casal precisa manter um orçamento doméstico, e alguns chegam a tomar um susto quando ouvem essa palavra. Certa vez, um homem me disse o seguinte: "Ah, não. Não quero saber desse negócio de orçamento doméstico. Você nunca pode fazer nada fora do orçamento; está sempre contando cada centavo".

O fato é que você já está envolvido em um orçamento, mesmo que não se dê conta disso. Um orçamento nada mais é que um planejamento para lidar melhor com as finanças. Talvez você jamais tenha registrado seu planejamento em papel, mas não há dúvida de que segue um plano orçamentário. O planejamento de alguns casais se resume a gastar todo o dinheiro que possuem no mesmo dia em que o ganham. As lojas ficam abertas até tarde hoje em dia, por isso é fácil gastar dinheiro. Não se trata do melhor dos planos, mas não deixa de ser uma forma de planejamento.

Outros casais adotam outra estratégia: eles gastam o dinheiro *antes* de ganhá-lo. Assim, tudo é adquirido por meio de cartões de crédito, e eles fazem pagamentos mensais de acordo com o que lhes sobra. Esses casais estão no caminho certo de um desastre financeiro. Há, porém, aqueles que procuram agir com mais responsabilidade.

REGISTRANDO SEU ORÇAMENTO EM PAPEL

Se você nunca registrou seu orçamento em papel, começar a fazer isso é uma boa ideia. Mas não tente fazê-lo hoje. Em vez disso, sugiro que você comece registrando todas as receitas e despesas durante dois meses. Anote toda quantia que entra, toda quantia que você entrega em doações e ofertas, toda quantia que economiza, toda quantia que gasta e para onde vai todo esse dinheiro. Depois de dois meses, você estará diante de seu orçamento atual. Esse é o planejamento que você tem seguido sem se dar conta disso. Agora está na hora de pensar a respeito.

Dê uma olhada em seu orçamento e pergunte a si mesmo: "É dessa maneira que queremos lidar com nosso dinheiro? Queremos doar mais? Queremos economizar mais? Podemos usar melhor nosso dinheiro? Como podemos aplicar os princípios contidos neste livro para aumentar a renda ou nos tornar melhores administradores do nosso dinheiro?".

Permita-me sugerir que vocês incluam em seu planejamento orçamentário uma quantia que cada um possa usar da maneira que quiser, sem ter de prestar conta de cada centavo. Não precisa ser um valor muito elevado, mas o marido deve ter um dinheiro à mão para comprar uma barra de chocolate sem ter de pedir um empréstimo à esposa. Do mesmo modo, a esposa precisa dispor de algum recurso para almoçar fora com uma amiga sem ter de esperar que o marido lhe empreste dinheiro.

Seja qual for a quantia decidida, ela deve ser a mesma tanto para o marido quanto para a esposa. Trata-se de um dinheiro com o qual ambos poderão contar para cobrir despesas pessoais eventuais sem se sentir como se estivessem conspurcando o orçamento familiar.

Momento de decisão: quem cuida das contas?

Uma vez que vocês tenham concordado a respeito de um planejamento de como utilizar o seu dinheiro, está na hora de um dos dois assumir o papel de contador, ou seja, cuidar das contas em geral do casal. Considerando que vocês dois formam um time, por que não permitir que o membro mais qualificado da equipe fique a cargo dessa responsabilidade? Quando um casal fala a respeito de detalhes financeiros, geralmente fica óbvio que um dos dois é mais apto a cuidar desse tipo de assunto. Nada mais natural que esse cônjuge cumpra esse papel.

Isso não significa que a pessoa escolhida para cuidar das contas é a única que deve tomar as decisões financeiras. Tais decisões precisam ser tomadas no âmbito do casal, como um time. A responsabilidade do cônjuge que cuida das contas é apenas a de manter os dois dentro do planejamento definido. Ele paga as contas todo mês, checa o extrato bancário e o canhoto dos cheques regularmente e garante que o dinheiro esteja sendo utilizado de acordo com o planejamento sobre o qual ambos concordaram previamente. Trata-se de uma tarefa e tanto, mas, para a pessoa que gosta de lidar com números, essa responsabilidade será também gratificante.

A pessoa que cuidará das contas não precisa permanecer nessa condição a vida inteira. Pelas mais diversas razões, vocês podem chegar à conclusão de que, depois dos seis primeiros meses, é bem mais sábio transferir essa responsabilidade para o outro cônjuge. Afinal de contas, estamos falando do casamento; é de ambos a incumbência de fazer o melhor possível com os recursos dos quais dispõem. No entanto, certifiquem-se de que o cônjuge responsável pelas contas do casal saiba como fazê-lo e tenha total conhecimento das diversas contas-correntes e de poupança, bem como das despesas e dos compromissos que precisam ser honrados mensalmente.

Sejamos realistas: por mais que evitemos pensar nisso, o fato é que um de vocês provavelmente morrerá antes do outro. Um bom conhecimento prático do sistema que vocês têm utilizado permitirá que o cônjuge remanescente se sinta mais bem preparado para assumir as finanças da família. Também será útil no caso de o cônjuge que normalmente cuida das contas ficar doente e, por isso, não poder cumprir com essas responsabilidades durante algum tempo.

Além disso, assegurar-se de que ambos possuem conhecimento pleno dos assuntos financeiros também é bom para o relacionamento conjugal. Quando um dos cônjuges cuida das contas e o outro permanece desinformado, isso pode desenvolver uma mentalidade do tipo *pai e filho* na relação dos dois. Se isso acontece, é prejudicial ao relacionamento conjugal. Vocês são parceiros; trata-se do dinheiro de ambos — mas, enquanto um cuida das contas, o outro precisa manter-se totalmente informado e sentir-se à vontade, sabendo como os recursos financeiros estão sendo usados.

■ Colocando os princípios em prática

1. Há três coisas que podemos fazer com o dinheiro: doá-lo, gastá-lo ou economizá-lo. Será que o seu orçamento inclui todas essas coisas?
2. Se você nunca colocou seu orçamento no papel, será que pode considerar a possibilidade de registrar suas receitas e despesas por dois meses para descobrir qual é seu verdadeiro orçamento atual?

3. Depois de registrar essas entradas e saídas, você estaria disposto a sentar-se ao lado de seu cônjuge para analisar seu planejamento atual e discutir mudanças que precisam ser feitas para dar às suas finanças um direcionamento mais positivo?
4. Quem vocês acham que estaria mais bem qualificado para cuidar das contas em seu casamento?
5. Até que ponto vocês dois sentem que sua parceria, em termos financeiros, não reflete um equilíbrio adequado? Se isso acontece, que iniciativas precisam ser tomadas no sentido de mudar essa sensação?

■

Conclusão

Neste pequeno livro, compartilhei com você oito aspectos-chave no esforço de fazer do dinheiro um recurso na promoção da felicidade em seu casamento.

- Tudo começa com a atitude. Seu relacionamento é mais importante que o dinheiro. Vocês dois formam uma equipe e precisam trabalhar juntos na administração de suas finanças.
- O trabalho é um empreendimento nobre. Faz parte do plano divino, e é por meio dele que o casal supre as necessidades próprias e de seus filhos.
- Confiamos em Deus. O dinheiro deve ser seu servo, nunca seu dono. Você é quem diz ao dinheiro o que ele deve fazer, e não o contrário.
- Doar é uma prova de gratidão. Tudo quanto você tem foi dado por Deus. Por causa dessa gratidão, você pode optar por doar à medida que tem recebido.
- Economizar é um sinal de sabedoria. Trata-se de um passo importante e responsável na administração do dinheiro. Estar preparado tanto para um período de dificuldade quanto para momentos de fartura é uma virtude.

- Usar o dinheiro com criatividade potencializa a divisão dos lucros. Quando você gasta menos para comprar as coisas, consegue aumentar sua renda.
- Viva de acordo com seus recursos. Não gaste um dinheiro que você não possui.
- Decidam quem cuidará das contas do casal. Lembre-se, porém, que a pessoa responsável por essa tarefa não é nenhum patrão; ela simplesmente segue o planejamento sobre o qual os cônjuges concordaram.

Ao manter a atitude certa em relação ao seu dinheiro e cuidar dele como um time responsável, vocês o transformam em um recurso a mais na promoção da felicidade no relacionamento. O dinheiro deve ser administrado de tal maneira que ambos se sintam amados, gratos e respeitados. O que poderia ser mais importante que isso?

O tamanho da casa, o modelo do carro, as etiquetas de preço nas roupas, tudo isso tem relativamente pouca importância. O mais importante é a saúde na relação entre os cônjuges e no relacionamento com Deus. O sentido da vida não é encontrado no dinheiro ou no acúmulo de bens, mas nos relacionamentos: em primeiro lugar, com Deus; em seguida, na relação entre marido e mulher; e, por fim, no relacionamento com os filhos, os amigos, a igreja e a comunidade.

Quando você usa o dinheiro para potencializar seus relacionamentos, descobre seu propósito. A partir daí, o dinheiro se transforma em um recurso na promoção da felicidade no casamento, e não em um motivo de conflitos constantes entre os cônjuges.

Na condição de marido e mulher, vocês fazem parte do mesmo time. Trata-se do dinheiro de ambos, e juntos vocês precisam encontrar uma maneira de administrá-lo que permita o envolvimento dos dois. Além disso, devem decidir a quais sacrifícios terão de se submeter, as metas a serem estabelecidas e os passos necessários para alcançar tais objetivos. Quando vocês trabalham em equipe, é muito maior a probabilidade de realizar esses planos. Durante o processo, os dois terão oportunidades de pôr em prática sua criatividade, beneficiando o casamento.

Se vocês se lembrarem de que fazem parte de uma equipe e, portanto, trabalharem dessa maneira, buscando ajuda prática nas áreas em que ela é necessária e concordando a respeito das decisões financeiras, descobrirão que o dinheiro é um servo fiel. Se, porém, negligenciarem os princípios que discutimos neste livro e simplesmente "deixarem a vida os levar", logo se verão diante da mesma crise financeira que se tornou o modo de vida de milhares de pessoas.

Por seguir modelos inadequados fornecidos pelos pais ou por simples falta de orientação, muita gente se casa sem capacidade de administrar apropriadamente seus recursos financeiros. Por essa razão, as pessoas logo se metem em apuros financeiros. Se vocês formam um desses casais, faço um alerta: matriculem-se em um curso de administração financeira doméstica (talvez sua igreja ofereça algo assim), leiam um livro sobre o assunto ou procurem a ajuda de um profissional. Talvez uma combinação das três coisas seja a resposta ideal.

É fácil encontrar pessoas para ajudá-los. Vocês não precisam continuar em um estado permanente de crise. Quanto mais cedo buscarem ajuda, mais rápido encontrarão o caminho da estabilidade financeira. Isso exigirá sinceridade, compreensão mútua e disposição para mudar por parte de ambos. Juntos, porém, vocês são capazes de alcançar esse objetivo. E, quando o fizerem, ambos participarão do planejamento da divisão dos lucros e farão do dinheiro um recurso a mais na promoção da felicidade conjugal.

Se, neste momento, vocês sentem a dor da crise, está na hora de promover uma mudança radical. Há uma saída. Se você não consegue pensar com clareza suficiente em uma solução para seu problema, então é hora de buscar o conselho de um amigo de confiança ou de um consultor financeiro que possa ajudá-lo a lançar um olhar realista sobre a sua situação e decidir os passos necessários para levá-lo a uma situação de saúde financeira. Não permita que o dinheiro continue comprometendo a solidez de seu casamento. Ele existe para ser um recurso, e não um elemento decisivo.

Aprender a lidar com o dinheiro de maneira responsável e satisfatória para ambos significa dar um passo imenso na promoção da saúde conjugal. Espero que as ideias compartilhadas neste livro sejam úteis à medida que você desenvolve sua habilidade de dividir os lucros. Se você acha que este livro o ajudou nesse esforço, espero que fale dele a um amigo.

Algumas reflexões que vale a pena lembrar

O dinheiro pode ser usado para proporcionar mais conforto, porém é incapaz de garantir um casamento bem-sucedido. Só uma vida justa, o amor, a paciência, a gentileza e a compaixão podem gerar relacionamentos significativos.

***

O desejo de obter mais posses materiais não é necessariamente maligno. O problema surge quando permitimos que o dinheiro se torne o foco de nossa vida.

***

Algumas pessoas chegaram à conclusão de que o trabalho fazia parte da maldição subsequente ao pecado de Adão e Eva. No entanto, não foi isso o que aconteceu: Deus instituiu o trabalho antes que o ser humano pecasse. O trabalho é uma dádiva divina.

***

As tarefas podem ser executadas com alegria e orgulho; ou, então, de má vontade e de maneira rebelde. A maneira como as realizamos só depende de nós. Trata-se de uma questão de escolha. Não existe essa história de trabalho inferior; apenas atitudes inferiores.

***

É a conversa diária com Deus e a busca de sua sabedoria e sua orientação que nos tornam mais produtivos em termos financeiros, assim como em todas as outras áreas da vida.

***

O casal sábio fará do dinheiro um servo. Procurará usar o dinheiro para o bem de sua família e para ajudar os outros. Jamais permitirá que o dinheiro o domine, determinando todas as decisões.

***

Há apenas três coisas que se podem fazer com o dinheiro: doá-lo, economizá-lo ou gastá-lo. Todas as três são formas válidas de se usar o dinheiro.

***

Obviamente, não podemos nem devemos doar todo o nosso dinheiro. Uma parte deve ser usada para suprir as necessidades físicas de nossa família. No entanto, se não doamos nada, deixamos de demonstrar gratidão por aquilo que Deus nos concede.

***

Algumas pessoas acham que os cristãos não devem economizar, e que fazer isso é um sinal de que não estão confiando em Deus para prover o necessário para suprir suas necessidades futuras. No entanto, não é essa a perspectiva encontrada nas Escrituras; elas indicam que devemos ser bons administradores de nosso dinheiro. O administrador sábio encara o futuro de modo realista.

***

Muitos consultores financeiros sugerem a alocação de 10% de sua renda líquida para uma conta de poupança. Você pode optar por separar mais ou menos dinheiro; a escolha é sua. No entanto, se você economizar apenas o que sobra ao fim de cada semana ou mês, será difícil juntar dinheiro. Economizar de modo *regular* e *constante* é mais importante do que a quantia separada para essa finalidade.

***

Usar o dinheiro com criatividade pode tornar-se uma parte empolgante da vida para o casal que tenta administrar suas finanças, utilizar seus recursos da melhor forma possível e juntar uma quantia que pode ser usada de outras maneiras para enriquecer o casamento.

***

Viver de acordo com seus recursos exigirá paciência para esperar. Em vez de comprar agora e pagar depois, podemos adotar a opção de esperar até que tenhamos o dinheiro necessário para fazer aquela aquisição.

***

Nossa sociedade não nos treinou na arte de reduzir os nossos padrões. Todo mundo nos incentiva a querer cada vez mais, porém são muitas as evidências de que possuir mais coisas nem sempre determina o sucesso de um relacionamento.

***

O orçamento nada mais é que um planejamento para lidar melhor com as finanças. Talvez você jamais tenha registrado seu planejamento no papel, mas não há dúvida de que segue um plano orçamentário.

***

Permita-me sugerir que vocês incluam em seu planejamento orçamentário uma quantia que cada um possa usar da maneira que quiser, sem ter de prestar conta de cada centavo. Não precisa ser um valor muito elevado, mas o marido deve ter um dinheiro à mão para comprar uma barra de chocolate sem ter de pedir um empréstimo à esposa. Do mesmo modo, a esposa precisa dispor de algum recurso para almoçar fora com uma amiga sem ter de esperar que o marido lhe empreste dinheiro.

***

Certifiquem-se de que o cônjuge responsável pelas contas do casal saiba como fazê-lo e que tenha total conhecimento das diversas contas-correntes e de poupança.

Notas

Capítulo 1

1 Lucas 12:15.
2 1Timóteo 6:10.

Capítulo 2

1 Gênesis 1:28.
2 Gênesis 2:15.
3 Êxodo 20:8-10.
4 William J. Bennett, Rio de Janeiro: Nova Fronteira, 1993.
5 Provérbios 13:19.
6 Citado em Sweeting, George, *Who Said That?* [Quem disse isso?], Chicago: Moody, 1995, p. 452.
7 1Timóteo 5:8.
8 Provérbios 6:6-11.
9 Provérbios 13:4.
10 2Tessalonicenses 3:10-12.
11 Colossenses 3:23-24.

Capítulo 3

1 Tiago 1:17.
2 *Cristianismo puro e simples*. São Paulo: Martins Fontes, 2005.
3 Tiago 1:5.
4 *Mover of Men and Mountains* [Mobilizador de homens e montes], Chicago: Moody, 1972, p. 263.
5 Mateus 6:25-33.
6 Filipenses 4:6-7.
7 Mateus 6:24.
8 Josué 1:8-9.
9 Josué 24:15.

Capítulo 4

1 Levítico 27:30-34.

2 Malaquias 3:8-12.
3 Mateus 23:23.
4 Lucas 6:38.
5 2Coríntios 9:6-8.
6 Provérbios 3:9-10.
7 Filipenses 4:18-19.
8 R. G. LeTourneau, *op. cit.*, 280.
9 1João 3:17-18.

Capítulo 5

1 Provérbios 22:3.
2 Lucas 14:28-30.
3 Gênesis 41:34-36.
4 Provérbios 21:20.
5 Provérbios 6:6-8.

Compartilhe suas impressões de leitura escrevendo para:
opiniao-do-leitor@mundocristao.com.br
Acesse nosso blog: www.mundocristao.com.br/blog

Diagramação: Assisnet Design Gráfico
Revisão Andrea Filatro
Fonte: Minion
Gráfica: Imprensa da Fé
Papel: Lux cream 70g (miolo)
Cartão 250g/m² (capa)